Animales con manchas

Teddy Borth

Abdo
LA PIEL DE LOS ANIMALES
Kids

abdopublishing.com

Published by Abdo Kids, a division of ABDO, PO Box 398166, Minneapolis, Minnesota 55439.
Copyright © 2017 by Abdo Consulting Group, Inc. International copyrights reserved in all countries.
No part of this book may be reproduced in any form without written permission from the publisher.

Printed in the United States of America, North Mankato, Minnesota.

102016

012017

THIS BOOK CONTAINS
RECYCLED MATERIALS

Spanish Translator: Maria Puchol

Photo Credits: iStock, Shutterstock

Production Contributors: Teddy Borth, Jennie Forsberg, Grace Hansen

Design Contributors: Christina Doffing, Candice Keimig, Dorothy Toth

Publisher's Cataloging-in-Publication Data

Names: Borth, Teddy, author.

Title: Animales con manchas / by Teddy Borth.

Other titles: Spotted animals. Spanish

Description: Minneapolis, MN : Abdo Kids, 2017. | Series: La piel de los
    animales | Includes bibliographical references and index.

Identifiers: LCCN 2016947331 | ISBN 9781624026263 (lib. bdg.) |
    ISBN 9781624028502 (ebook)

Subjects: LCSH: Body covering (Anatomy)--Juvenile literature. | Skin--Juvenile
    literature. | Spanish language materials--Juvenile literature.

Classification: DDC 591.47--dc23

LC record available at http://lccn.loc.gov/2016947331

Kid Pick!

tle: _____

uthor: _____

cked by: _____

_____

hy I love this book:

_____
_____
_____
_____
_____
_____
_____
_____

ase return this form to
s Heather in Youth Services or email
ur review to
unnell@rockfordpubliclibrary.org

 ROCKFORD PUBLIC LIBRARY

Contenido

Animales con manchas

¡Los animales tienen piel!

Hay muchos tipos de piel.

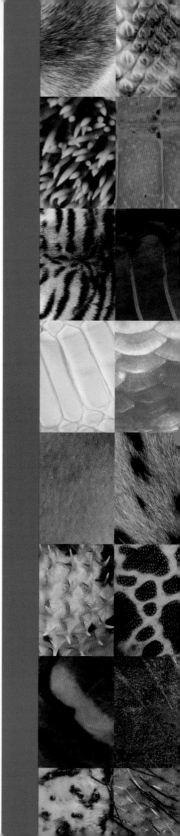

5

Algunos animales tienen manchas. Tienen **marcas** por todo el cuerpo.

pez globo de manchas blancas

Las manchas pueden estar en el **pelaje** o en las escamas. Los insectos también pueden tener manchas.

mariposa Tawny Coster

Los perros dálmatas nacen blancos. Las manchas negras aparecen cuando crecen.

dálmata

11

Los gatos también pueden tener manchas. Los leopardos son grandes felinos con manchas.

12

leopardo

Los caballos tienen diferentes **diseños** en su **pelaje**. ¡Algunos tienen manchas!

caballo apalusa

15

Las vacas tienen manchas. ¡Sus manchas alejan a las moscas! A las moscas les gustan las vacas con pocas manchas.

vaca

Los gecos leopardo tienen manchas. Estas manchas les sirven de camuflaje.

geco leopardo

19

Las manchas en las mariquitas las mantienen a salvo. Las manchas son señal de que tienen mal sabor.

mariquita

Otros animales con manchas

conejo rex

mantaraya de arrecife

hiena manchada

tortuga moteada

Glosario

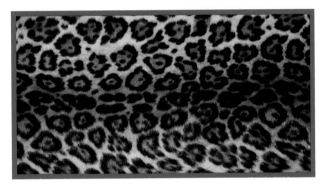

diseño
dibujo repetido.

marca
mancha en el cuerpo de un animal.

pelaje
pelo corto y fino de
algunos animales.

Índice

abdokids.com

¡Usa este código para entrar en abdokids.com y tener acceso a juegos, arte, videos y mucho más!

Código Abdo Kids:
ASK4973